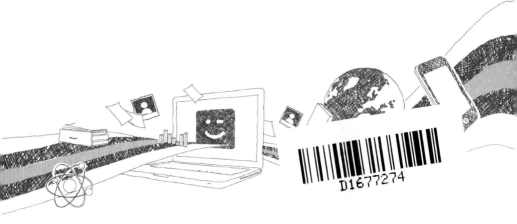

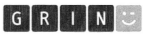

Bibliografische Information der Deutschen Nationalbibliothek:

Die Deutsche Bibliothek verzeichnet diese Publikation in der Deutschen Nationalbibliografie; detaillierte bibliografische Daten sind im Internet über http://dnb.d-nb.de/ abrufbar.

Impressum:

Druck und Bindung: Books on Demand GmbH, Norderstedt Germany
ISBN: 9783668495272

Dieses Buch bei GRIN:

http://www.grin.com/de/e-book/371338/helmuth-plessners-anthropologie-und-deren-politischen-konsequenzen

Karsten Wollersheim

Helmuth Plessners Anthropologie und deren politischen Konsequenzen

Plessners Modell der Menschenwürde in "Grenzen der Gemeinschaft"

GRIN Verlag

Fernuni Hagen
Kulturwissenschaften
Modul P3

Helmuth Plessners Anthropologie

und

deren politischen Konsequenzen

Hausarbeit

Vorgelegt von

Karsten Wollersheim

Inhaltsverzeichnis

1. Einleitung

In der folgenden Arbeit möchte ich mich der Frage widmen,:

Ist Plessners politische Konsequenz aus seiner Anthropologie eine kalte, diktatorische, elitäre, politische Positionierung oder ein Konzept der Menschenwürde?

Ich werde die Frage dahingehend beantworten und versuchen zu beweisen, dass

Plessners politische Konsequenzen, die er aus seiner Anthropologie entwickelt, als ein Konzept der Menschlichkeit und Menschenwürde zu verstehen ist.

Dies in Abgrenzung zu den Auslegungen von zum Beispiel Helmuth Lethen, der Plessners Modell als ein elitäres, menschenfeindliches sieht. Wobei Lethen immer wieder Plessner in die Nähe von Carl Schmitt stellt. Dabei beruft sich Helmuth Lethen des öfteren auf Rüdiger Kramme, welcher die philosophische Anthropologie Plessners und die politische Theorie von Carl Schmitt als einen Text liest.

Den o.g. Auslegungen Plessners, von z.B. Helmuth Lethen und Rüdiger Kramme, widersprechend und Plessners politische Schriften als ein Anliegen zur Menschlichkeit und Menschenwürde darstellend, werde ich im ersten Teil der Arbeit auf die philosophische Anthropologie Plessners eingehen und mich dabei auf sein Hauptwerk „Die Stufen des Organischen und der Mensch" von 1928 berufen. Dieser Teil wird der Kürzere sein, in dem ich versuchen werde zu zeigen, dass eine Anthropologie die Voraussetzung, ja die Normative für eine politische Positionierung zur Menschenwürde ist, da sie an das „Wesen des Menschen" gebunden ist.

Dabei werde ich versuchen Plessners philosophische Anthropologie, als moderne skeptische Philosophie, als für mich überzeugendstes Projekt, einer Wesenslehre des Menschen und somit zur Menschenwürde und Humanität darzustellen.

Im zweiten, dem Hauptteil, werde ich dann auf die politischen Konsequenzen von Plessners Anthropologie kommen. Hier werde ich mich im Wesentlichen auf seine Schrift „Grenzen der Gemeinschaft" von 1924 beziehen. In dieser entwirft Plessner in Abgrenzung des Gemeinschaftsgedanken, vor allem des Kommunismus und Nationalsozialismus, aber auch der Religionsgemeinschaften, hier vor allem des Protestantismus, ein Modell das er als „Gesellschaft" bezeichnet und in dem er den politischen Menschen in einer maskierten „Künstlichkeit" aufzeigt, der zum Kampf um die Macht durch seine „Natürlichkeit" gezwungen wird.

Oberflächlich betrachtet, scheint die Komprimierung der Plessnerischen politischen Positionierung, Lethen und Kramme Recht zu geben.

Anliegen meiner Ausführungen ist es aufzuzeigen, warum sie Plessner trotzdem nicht gerecht werden und Plessner sehr wohl ein Konzept der Menschlichkeit und Menschenwürde skizziert.

Dabei werde ich die logischen Konsequenzen der Plessnerischen Wesenslehre als Variante der Skeptischen Philosophie darstellen.

Ich werde versuchen klarzustellen, dass diese „Grundlose Positionierung zur Menschenwürde" das Gegenmodell statischer, ideologischer Modelle ist und somit auch von den gutgemeinten Auslegungen, wie z.B. der von Andreas Kuhlmann in „Deutscher Geist und liberales Ethos".

Weiterhin werde ich natürlich auf die Kritik des Gemeinschaftsmodells Plessners eingehen und sein Gegenmodell der Gemeinschaft beleuchten.
Bei der Kritik an der Kritik (Lethen) und der Auslegung (Kramme) der Plessnerischen „Gesellschaft" werde ich mich unter anderem auf Wolfgang Eßbach „Verabschieden oder retten" und dem 1. Vorsitzenden der „Plessner - Gesellschaft" Joachim Fischer „Panzer oder Maske. Verhaltenslehre der Kälte oder Sozialtheorie der Grenze", sowie Kai Haucke „Plessners Kritik der radikalen Gemeinschaftsideologie und die Grenzen des deutschen Idealismus" beziehen.
Hier wird ein gewichtiger Teil, die Kritik an der Auslegung der Plessnerischen Anthropologie Lethens als „Verhaltenslehre" sein.
Mein Projekt wird also damit schließen, dass Plessner die oben schon erwähnte Verschränkung des Natürlichen und Künstlichen und die daraus resultierende grundlose Positionierung zur Menschlichkeit und Menschenwürde die überzeugendste aller mir bekannten Versionen ist.

2. Die philosophische Anthropologie Helmuth Plessners

Helmuth Plessner (1892-1985), Mediziner, Zoologe und Philosoph, gilt mit Max Scheler (1874-1928) und Arnold Gehlen (1904-1976) als einer der Hauptvertreter der modernen philosophischen Anthropologie, die Wissenschaft die nach dem Wesen des Menschen sucht.

Diese geriet Ende des 19. Jahrhunderts in eine zweifache Krise. Einerseits ließ Charles Darwins Abstammungslehre die traditionelle Stufenleiter der voneinander getrennten Geschöpfe; Pflanze, Tier, Mensch zusammenbrechen. Das Selbstverständnis des Menschen als Ebenbild Gottes wurde erschüttert von der Erkenntnis, dass er das zufällige Ergebnis eines Prozesses ist, in dem ein paar wenige Überlebenstaugliche übrigbleiben.

Es stellt sich somit die Frage, ob der Unterschied Mensch und Tier nur ein quantitativer oder doch ein qualitativer ist.

Gibt es aber keinen qualitativen Unterschied Mensch - Tier, kann es logischerweise auch keine Positionierung zur Menschenwürde geben. Schon allein aus diesem Grund ist ein spezifisches Menschsein nicht nicht zu denken.

Zweitens entstand durch die Vielzahl empirischer Erkenntnis über den Menschen eine Zersplitterung des Menschenbildes. Diese Zersplitterung konnte zunächst nur monistisch beseitigt werden, indem der Mensch nur einseitig naturalistisch beschrieben wurde, zu Ungunsten seiner anderen Wesensmerkmale.

Ziel einer modernen Anthropologie musste es nun sein, aus der Zersplitterung des Menschenbildes, wieder ein einheitliches Bild werden zu lassen, das alle Aspekte des Menschsein in sich vereint, das somit den Mensch von den Tieren unterscheidet, also eine Tiefenstruktur entwickelt, welche die vielfältigen Formen vergangenen, gegenwärtigen und zukünftigen Menschseins beschreibt.

Plessner setzt bei diesem Projekt am cartesianischen Dualismus an, der den Menschen als unsterbliche Seele sieht, die in einer Maschine, dem Körper wohnt, den sie steuert.

Dass die Schaltstelle zwischen unsterblicher Seele und Körper nie gefunden wurde, wie auch die unsterbliche Seele selbst, ist nur das eine Problem des cartesianischen Dualismus. Da der Mensch sich selbst aber als Einheit erfährt, ist diese antagonistische Teilung eine Verletzung des Menschen in seinem Menschsein, seiner Würde.

Um diesen Dualismus zu beseitigen geht Plessner den Weg des modernen Skeptizismus, mit dem Leitbild des Lebens und schafft dazu die Kategorie der „Exzentrischen Positionalität, welche sich in den Kategorien „Doppelaspektivität", „Grenze", „Positionalität", „zentrische Positionalität" und „Exzentrizität" aufbaut.

2.1. Die Doppelaspektivität

Plessner beginnt nun die Exzentrische Positionalität mit der Doppelaspektivität als Erscheinungsweise eines Wahrnehmungsdinges, also nicht vom eigenen Leib her, sondern von der entfernten Erscheinung her, an aufzubauen.

Der Mensch erkennt eine Erscheinung nach Plessner prinzipiell nur aspektiv, welches überhaupt die Voraussetzung des Erkennens der Erscheinung überhaupt ist. Dabei hebt er hervor, dass dieses aspektive Erkennen keine Beschränkung darstellt, sondern das ganzheitliche Erkennen der Erscheinung als Ding, nur eben von der momentanen Position heraus.

Der Mensch als Einheit erfährt sich somit in zwei Aspekten seines Seins. Erstens als Subjekt mit einem freien Willen, anderseits als Objekt kausaler Prozesse.

So schreibt Joachim Fischer,: „Einerseits gehe ich in meinem Bewusstsein, das den Leib los ist, spazieren, und der eigene Körper mit seinen Standortänderungen erscheint als Inhalt des Bewusstseins; anderseits gehe ich mit meinem Bewusstsein spazieren, dessen ausschnitthafte Perspektiven vom Körper abhängen, der zu den Dingen der Natur gehört."[1] Der Mensch erscheint sich also als Einheit der beiden Pole, „Außen", der real erscheinenden Eigenschaften und als „Innen", einem nicht real erfahrbaren inneren Substanzkern. Dies beschreibt jedoch noch nicht das Leben, sondern es erscheint uns so jedes Ding, auch das Unbelebte.

2.2. Die Grenze

Um nun von der Doppelaspektivität des belebten wie unbelebten Dings zum belebten Ding zu kommen, baut Plessner nun die „Grenze" auf.

„Die Grenze des Dings ist sein Rand, mit dem es an etwas anderes anstößt, als es selbst anstößt."[2]

Somit ist das unbelebte Ding nur „Raumausfüllend", seine Grenze ist nur ein Rand an dem es aufhört.

Demgegenüber ist das lebendige Ding „Raumbehauptend", es behauptet sich gegen seine Umwelt. Die Grenze ist nicht nur ein Rand sondern gehört zu dem lebendigen Ding. Somit wird nach Plessner das Ding ganzheitlich, organisch und er hat die Minimalforderung des „Lebendigen" aufgestellt.

2.3. Positionalität

Mit dieser Grenzrealisierung zur Raumbehauptung schafft nun Plessner eine weitere Kategorie der Positionalität über die er nun die Stufen des Organischen aufbaut und die er dabei als Kategorie in den Stufen mitnimmt und welche nun in ihrer Differenzierung und Steigerung dieser Grenzrealisierung die Pflanze, das Tier und den Mensch beschreibt.

Dabei ist nur die Kategorie der Positionalität das Inklusive der Stufen, welche dann über Ihre Exklusivität differenziert werden.

2.3.1. Die offene Form der Positionalität

In dieser Hierarchie des Organischen bildet nun die Pflanze die erste Stufe die nach Plessner die offene Positionalität darstellt. Sie gehört zum Leben, da sie im Besitz einer dynamischen Grenze ist, die sie gegen ihre Umwelt behauptet. Die Raumbehauptung ist „unmittelbar“, da die Grenzrealisierung ohne Zentralorgan gesteuert ist, was die Pflanze somit „zum unselbstständigen Abschnitt des ihm entsprechenden Lebenskreises macht“[3]

Deshalb wird für Pflanze die Positionalität in eine „azentrische“ differenziert.

2.3.2. Die geschlossene Form der Positionalität

Ist die Pflanze nun unselbstständig gegenüber ihrem Lebenskreis ist die geschlossene Positionalität des Tieres nun „Selbstständig gegenüber dem Lebenskreis“[4]

Diese Selbstständigkeit entspringt dem Antagonismus, hier bedient sich Plessner einem Modell des Biologen und Philosophen Jakob J. von Uexküll, von „Merken“ im Sinne von Gewahrwerden von sensorischen Reizen und „Wirken“ im Sinne von motorischer Reaktionen auf diese Reize.

Dieser Antagonismus „Merken“ und „Wirken“ wird nun nach Plessner vom Bewusstsein überspannt und somit „geschlossen“ und wird „geschlossene Positionalität“, welche nochmals zwei Unterarten erhält:

1) dezentralistische Form der geschlossenen Positionalität

Hierfür zieht von Uexküll den Seeigel als Beispiel heran, dessen verschiedene Organe, ja jeder einzelne Muskelstrang getrennt voneinander auf den jeweiligen Reiz, welchen NUR er merkt, reagiert. Während dieser von den anderen Muskelsträngen wahrscheinlich gar nicht wahrgenommen wird. Daraus folgernd kann angenommen werden, das z.B. der Seeigel seine Umwelt nicht als ein Bild, sondern als eine Unmenge von Einzelsignalen wahrnimmt.

2) zentralistische Form der geschlossenen Positionalität

Hier läuft das „Merken“ über die verschiedenen Sinnesorgane in ein Zentralorgan zusammen. Das Tier der zentralistischen Form bekommt aus der Vielzahl von Informationen über das Zentralorgan EIN Bild von seiner Umwelt und zugleich die Distanz zu selbiger. Es erlebt sich als die sehende, hörende, riechende, fühlende Mitte.

Es ist das „Hier“, während alles andere das „Dort“ ist.

2.4. Die Exzentrische Positionalität des Menschen

Aus der Kategorie der Positionalität entsteht nun Plessners exzentrische Positionalität des Menschen.

Einerseits als Innenaspekt, „als Selbst, als Ich, als Subjekt eines freien Willens“[5] und anderseits als Außenaspekt, „als Natur, als Ding, als Objekt kausaler Determination“[6]

Der Mensch reflektiert nun einerseits seine Umwelt als erlebender Mittelpunkt und ist zusätzlich in der Lage sich selbst zu reflektieren, indem er zu sich selbst auf Distanz geht, sich außerhalb seiner selbst betrachten kann.

Plessner nennt diese beiden Pole des Menschseins Körper-Sein, also die Position in welcher der Mensch als Mittelpunkt seine Umwelt wahrnimmt und Körper-Haben, in der er aus sich selbst heraustritt und sich selbst reflektieren kann. Die „Positonalität“ verbindet beide Positionen miteinander, Plessner nennt es „verschränken“, ein Begriff seines lebenslangen Freundes J. König[7].

Mit der Verschränkung von Körper-Haben und Körper-Sein zur exzentrischen Positionalität ist es Plessner gelungen, mehrere Dilemmata der Bestimmung des Wesens des Menschen und dessen Folgen zu beseitigen.

Mit der Bindung der beiden Aspekte des Menschseins an den lebendigen Körper, überwindet Plessner erstens den cartesianischen Dualismus.

Zweitens beschreibt er einen qualitativen Unterschied zum Tier, und schafft somit die Voraussetzung für eine Positionierung zur Menschlichkeit, Menschenwürde und Humanität.

Diese Positionierung zur Menschenwürde wird mit der „Grundlosigkeit“ der exzentrischen Positionalität, die ich im Folgenden näher erklären werde, zur menschenbildoffenen Positionierung.

2.5. „Homo-obsconditus“ - Die Grundlosigkeit des Menschseins

Ist das sich Erleben des Tieres an einen fixen Standort gebunden, nämlich an den seiner positionalen Mitte, kann die Verschränkung von Körper-Haben und Körper-Sein an keinen festen Standort gebunden sein. Das „Sich als positional Mitte“ erleben, hat immer einen aktiven Ausgleich dieses Verhältnisses zur Folge.

Dieser aktive, ständig andauernde Ausgleich beschreibt die Grundlosigkeit, die Wurzellosigkeit der exzentrischen Positionalität.

In dieser Grundlosigkeit ist nun seine „Weltoffenheit“ begründet. Diese „Weltoffenheit“, dieses nicht fixiert sein auf Etwas, ist schon bei Scheler[8] ein Unterscheidungsmerkmal des Menschen zum Tier.

Ist die Grundlosigkeit in der exzentrischen Positionalität, also im Wesen des Menschseins begründet, so ist jede Fixierung der Positionalität des Menschen eine Verletzung seiner Würde.

Als Fixpunkte sind nun die Religion aber auch die Ideologien zu nennen.

Plessner sieht nun vor allem die Religion als Feind der Kultur, des dynamischen

Weltgeschehens, da sie für den Mensch ein Definitivum festlegt, ein Absolutes, Letztes.

Dieses Fixe aber ist es, welches dem Menschsein, der exzentrischen Position entgegensteht und somit seine Würde verletzt. Auch wenn er immer bestrebt ist dieses Fixe zu finden, löst er es im gleichen Augenblick wieder auf.

Die gleiche Aufgabe erfüllen die Ideologien. Sie legen die Bewertungskriterien innerhalb unserer Kategorien fest, in denen wir unser aspektives Erkennen ablegen. Die jeweilige Ideologie entscheidet darüber, wenn wir ein Phänomen nach Ästhetik beurteilen, ob es schön oder hässlich ist, die Ideologie entscheidet darüber ob es moralisch gut oder böse ist.

Die Leine die der exzentrischen Positionalität durch die Ideologie angelegt wird, mag in einigen Fällen etwas länger sein, als die der Religion, aber trotzdem versucht sie uns zu verankern, zu fixieren und verletzt so letztendlich unsere Würde als Mensch.

Auch dann, wenn es sich um einen gutgemeinten Versuch handelt,wie zum Beispiel den von A. Kuhlmann um die „Plessners Grenzen der Gemeinschaft. Eine Debatte“[9] ist.

Kuhlmann sieht hier Plessners Werk als eines des „liberalen Ethos“.

Wie ist dann aber zu verstehen, wenn Plessner in einen unveröffentlichten Brief an seinen Freund König schreibt, „antiutopistische Charakter der Revolutionstheorie von Marx, die nur auf die Beseitigung geschichtlich begrenzter Störungsursachen abgestellt ist.“[10] Dies entspricht wohl kaum den Werten eines „liberalen Ethos“, sondern räumt ein, dass es geschichtliche Situationen geben kann, in denen der Mensch über eine Revolution, genaugenommen müssten wir sagen, RevolutionEN, da es nach Plessner nie DIE Revolution zur Gemeinschaft welche alle Widersprüche auflöst geben kann, kapitalistische Produktionsverhältnisse beseitigen wird. Das Festhalten, fixieren dieses Prozesse durch zum Beispiel die von A. Kuhlmann erwähnten liberalen Werte, würde somit wiederum eine Verletzung des Menschen in seiner Würde bedeuten.

Auch steht das „Recht zu Revolutionen“ nicht im Widerspruch zur oft genannten These Plessners, dass das momentan Bestehende seine legitime Bestätigung hat.

Diese Legitimität steht dem momentan Bestehenden zu, aber eben nicht im Hinblick auf eine geschichtliche Unendlichkeit.

Stehen also kapitalistische Produktionsverhältnisse der exzentrischen Positionalität im Wege, versuchen sie sie in ihrer Dynamik einzudämmen, kann auch nach Plessner eine Revolution legitim sein.

Jetzt kommt aber eine Kritik an Marx, oder vielleicht auch nur an der Auslegung Marx. Werden vielleicht die alten Widersprüche aufgelöst, so werden neue Widersprüche entstehen, die ihre Wurzeln wieder in der exzentrischen Positionalität haben. Hier wirft Plessner Marx vor, den Ethos dieser nachrevolutionären Gesellschaft selbiger zu überlassen. „Hebt die Marxsche Doktrin auch die Gesellschaft nicht auf (das tun nur Marxsche Doktrinäre), sondern setzt an die alte eine neue: die sozialistisch geordnete, so überlässt sie die Frage des Ethos doch dem kommenden Zustand, getreu ihrem materialistischen Prinzip, wonach Geist und Gesinnung von den realen Verhältnissen hervorgebracht werden.“[11]

Ist in der exzentrischen Positionalität also das Recht auf Revolutionen begründet, wäre der Schluss nicht weit, dass auch die marxistische Theorie an sich seine Berechtigung hat.

Dies würde einerseits bedeuten, sie wäre keine Ideologie welche die Bewertungen von „Erkenntnis" festlegt. Auch wenn der Marxismus innerhalb der Ideologien eine Sonderstellung einnimmt, da er seine eigenen Kategorien, die bedingungslose Bekenntnis zur Arbeiterklasse, mit dem Ziel der nachrevolutionären Gesellschaft als klassenlose Gesellschaft, selbst auflöst, bleiben sie trotzdem zum Zeitpunkt der Erscheinung in der vorrevolutionären, also auch der momentan existierenden erhalten. Somit steht auch die marxistische Ideologie, zumindest in ihren weitläufigen Auslegungen, der Dynamik der exzentrischen Positionalität als fixer Fixpunkt entgegen und verletzt somit auch die Würde des Menschen.

Weiterhin ist auch das „Recht zu Revolutionen" eben nur eine Möglichkeit von unendlich vielen Möglichkeiten, die unter bestimmten Konstellationen auch zu einer seienden Möglichkeit werden können.

Deshalb darf eben keine Ideologie, auch die eines „liberalen Ethos" nicht, uns den Weg auch dieser Möglichkeit verstellen, ebensowenig wie die Ideologien uns auf nur diese eine Möglichkeit festnageln dürfen, wie die meisten Marx Auslegungen es uns glauben machen wollen.

So verletzen letztendlich alle Ideologien die Würde des Menschen, da sie seiner Wurzellosigkeit entgegenstehen.

Die Wurzellosigkeit ist des Menschen sein Halt, in ihr liegt die Weltoffenheit des Menschen begründet, auch wenn sie zugleich seine „Nachtseite" darstellt, da der Mensch nie wirklich für seine Mitmenschen erkennbar ist, ja noch nicht mal für sich selbst.

2.6. Die Beseitigung des Dualismus bei Plessner

Der Dualismus birgt im Besonderen für das „Ideale" gleich mehrere Gefahren. Zwei zeigt Kai Haucke in seinem Aufsatz „Plessners Grenzen der Gemeinschaft. Eine Debatte"[12] zwei auf. Die Gefahr, dass das „Ideale" von der Wirklichkeit getrennt wird, es zum Unwirklichen wird. Zweitens sieht Haucke die Gefahr, dass das „Ideale" der Gegenspieler, das Pendant zur endlichen Wirklichkeit ist. So verliert es nach Haucke seine Erhabenheit und wird selbst endlich.

Ist der erste Punkt Hauckes logisch und nachvollziehbar, ist der zweite Punkt zu kritisieren.

Dieser setzt nämlich eine Erhabenheit, eine Unendlichkeit des Idealen gegenüber der Wirklichkeit voraus, die es nach Haucke auch in der Auflösung des Dualismus zu bewahren gilt. Es muss daraus geschlossen werden, dass nach Haucke die Auflösung des Dualismus unter der Vorherrschaft des unendlich Idealen über die endliche Wirklichkeit vollzogen werden muss. Eine Vorgehensweise, die er selbst in dem weiteren Verlauf kritisiert.

Die Verschränkung der dualistischen Pole, verstehe ich als tendenzielle Verschränkung zweier gleichberechtigter Pole, die zwar geschichtlich begrenzt einmal nach dieser oder der anderen Seite ausschlagen kann, die aber tendenziell gleichberechtigt und in ihrer Verschränkung als Ambivalenz erhalten bleibt.

Haucke beschreibt nun Auflösung des Dualismus, erkenntnistheoretisch.

Dabei setzt Plessner bei der Erkenntnistheorie Kants an. Demnach gelangt der Mensch zu „Erkenntnis“ in dem er ein „Ding“, ein Phänomen, eine Erscheinung zuerst sinnlich wahrnimmt. Diese äußere Erscheinung macht der Mensch mit Hilfe seiner subjektiven Kategorien zu Erkenntnis.

Da aber der Wesenskern der Erscheinung, das Ding an sich aber eine Apriorie, also unabhängig menschlicher Erfahrung ist, der Mensch die äußere Erscheinung aber mit seinem Bewusstsein zur „Wirklichkeit“ geformt hat, ist diese „Wirklichkeit“ nur die Erscheinung, während sich die Wirklichkeit des Dinges an sich, hinter der Erscheinung versteckt.

Somit bleibt bei Kant der Dualismus erhalten. Phänomene sind nach ihm immer zweideutig. Sie sind nie ganz Ratio noch ganz Empirie und bleiben somit irreal.

Demgegenüber steht der erkenntnistheoretische Grundsatz Plessners. Dieser beschreibt menschliches Erkennen prinzipiell aspektiv, welches, wie schon in Abschnitt 2.1. erwähnt, Plessner nicht als unvollständiges Erkennen sieht.

Im aspektiven Erkennen grenzt nun der Mensch Erscheinungen gegen Anderes ab. Da aber die Erscheinung jeweils eine Andere ist, je nach dem wie wir sie gerade abgrenzen, wird die Erscheinung zur seienden Möglichkeit. Da diese seiende Möglichkeit aber mehr ist als eine äußere Erscheinung, sondern eine Möglichkeit, einen Aspekt seines Wesenskerns enthält, wird nun die Erscheinung als seiende Möglichkeit zur Wirklichkeit.

Dazu möchte ich ein Beispiel geben. Das zu erkennende Objekt ist eine Flasche Bier X. Das erkennende Subjekt ist ein Alkoholiker A zum Zeitpunkt des körperlich wie psychischen Verlangens nach Alkohol um seine Sucht zu befriedigen.

Nimmt nun A zum Zeitpunkt 1 das Objekt X wahr, grenzt A nun X gegen nichtalkoholische Getränke ab und X wird zu einem alkoholischen Getränk für seine Suchtbefriedigung und X wird zu X1, zu einer möglichen Wirklichkeit.

Diese Wirklichkeit als seiende Möglichkeit ist somit erstens an das erkennende Subjekt gebunden. Denn das gleiche zu erkennende Objekt X, wird für ein anderes Subjekt B eine andere Wirklichkeit, wenn B X gegen anderes abgrenzt.

In unserem Fall ist B ein Nichtalkoholiker der zum Zeitpunkt 1 tagelang nichts getrunken hat und somit den Tod durch verdursten vor Augen hat. Nimmt also B X sinnlich wahr, grenzt B X gegen nichttrinkbares ab und X wird zu einem Getränk, um den Durst von B zu löschen und somit zu einer weiteren seienden Möglichkeit X2, die für B Wirklichkeit zum Zeitpunkt 1 ist.

Ist nun erstens die Wirklichkeit als seiende Möglichkeit nach Plessner wie oben beschrieben subjektgebunden, ist sie zweitens auch zeitlich gebunden, also historisch.

Ich möchte zur Erklärung wieder obiges Beispiel nutzen.

A nimmt X sinnlich wahr, zu einem Zeitpunkt 2 an dem er kurz zuvor gerade erst seine Alkoholsucht befriedigt hat und A grenzt vielleicht X gegen nichttrinkbares ab und X wird zum Getränk um Durst zu stillen, also zu X2, der Wirklichkeit von B zu Zeitpunkt 1.

Hingegen ist B aber auch jemand, der weniger gern bittere Getränke zum Genuss trinkt und stattdessen lieber Limonade. Zum Zeitpunkt 2 steht nun B nicht kurz vor dem Tod durch

Verdursten und er nimmt X sinnlich wahr und grenzt X gegen eine gut schmeckende Limonade ab, wobei X zum nichtschmeckenden, bitteren Genussmittel X3 wird.

Bleibt bei Kant der Dualismus erhalten, löst Plessner ihn auf in dem er beide Pole miteinander verschränkt und diese Verschränkung zu einer Wirklichkeit als subjektgebundene, historische seiende Möglichkeit wird.

Diese Auflösung des Dualismus ist das Geniale an Plessners Philosophie und wird seiner eigenen Anforderung gerecht, eine neue Philosophie zu erschaffen, die eine Stellung zur Menschlichkeit und Humanität ermöglicht, ohne in statische Werte und Normen des einen oder des anderen Pols des Dualismus gepresst zu werden.

3. Die politischen Konsequenzen der Anthropologie Helmuth Plessners

Um die Gewichtigkeit der Auflösung des Dualismus Plessners für die politische Positionierung, also die Positionierung zur Humanität und Menschlichkeit zu zeigen, werde ich zuerst versuchen das Scheitern der Projekte zu skizzieren, bei denen diese nicht gelungen ist.

Die erste Möglichkeit wäre die Abwendung vom Menschen hin zu einer Philosophie außerhalb des Menschseins, zur Philosophie eines Übernatürlichen, Göttlichen, die den Dualismus vereint. Eine dem Menschen abgewandte Philosophie, die ihn letztendlich an die Ketten eines wie auch immer gearteten Übernatürlichen legt, muss ihn in seiner Würde als Mensch verletzen und kann keine akzeptable Lösung für diese Würde sein.

Die nächste und zugleich radikalste Lösung des Problems, welches sich aus dem Dualismus ergibt, ist die monistische, also die Vernichtung eines Pols zu Gunsten des Anderen.

Plessner hat in den „Grenzen der Gemeinschaft“[13] speziell diese monistischen Lösungen kritisiert und ich werde später genauer darauf eingehen.

Auch Kant, den Plessner, wie Haucke in der Debatte um die „Grenzen der Gemeinschaft“[14] hervorhebt, einerseits kritisiert aber andererseits gegen Hegel verteidigt, der den Weg der „Göttlichen Philosophie“ als Ausweg sieht, wählt in seiner praktischen Philosophie diesen radikalen monistischen Weg, indem er zur Beurteilung seiner Handlungen einzig und allein der Vernunft die Berechtigung dazu gibt.

Haucke zeigt[15] das Dilemma der kantschen Moralphilosophie auf.

Der Mensch ist demnach geprägt von seinen Neigungen, welche im Streben nach dem privaten Glück, in der Selbstliebe und im Egoismus bestehen. Dem steht die sittliche Vernunft gegenüber. Will er also sittlich sein, muss er der Vernunft folgen. Will er glücklich sein, seinen Neigungen. Nie kann er beide Seiten gleichermaßen erfüllen und er muss die Wirklichkeit, seine Neigungen, aus Pflicht zum Sittlichen heraus, vernichten.

Dieses Dilemma steigert sich nach Haucke nun zur Tragik, da das Sittliche sich im Leben verwirklichen, sich aber diesem Leben entsagt und es vernichtet hat.

Die Vernunft verneint das Natürliche, das Leben, fordert es aber zugleich auf, sich nach den Gesetzen der Vernunft zu gestalten.

Anderseits verlangt die Natur das Streben nach privaten Glück, ist aber von der Vernunft seiner animalischen Kraft beraubt, diese Forderung zu erfüllen.

Ein sittliches Leben nach Kant verlangt also die Vernichtung des Menschen als Naturwesen zugunsten des Menschen als Kulturwesen. Die Vernichtung eines Teils seines Menschsein bedeutet aber zugleich die Verletzung seiner Würde als Mensch und ist damit ebenfalls keine akzeptable Lösung für diese Würde.

Ich möchte noch ein letztes Konzept beleuchten, das versucht auf der Basis des Dualismus zu einer Positionierung zur Menschenwürde versucht zu kommen und dabei genau diese verletzt; das Konzept des negativen Dogmatikers.

Verletzt der positive Dogmatiker die Menschenwürde dahingehend, dass er sich im Besitz einer absoluten Wahrheit meint, welches er als Definitivum, entnommen seiner Ideologien oder Religion, zur Positionierung zur Menschenwürde nutzt, behauptet der negative Dogmatiker, dass es diese Wahrheit gar nicht gibt und nicht zu finden ist. Handlungen brauchen demnach nicht mehr begründet werden, eine Positionierung zur Humanität gibt es genaugenommen nicht mehr, die Philosophie ist überflüssig geworden. Dies ist ebenfalls eine monistische Auflösung des Dualismus, diesmal zu Ungunsten des Menschen als Kulturwesen, somit auch die Verletzung seiner Würde als Mensch und als Positionierung für sie unbrauchbar.

3.1. Der Weg Plessners zur politischen Positionierung

Der Weg Plessners ist der Weg einer modernen skeptischen Philosophie, ohne sich in dem Dilemma des traditionellen Skeptizismus zu verfangen, welcher im Unterschied zum negativen Dogmatiker prinzipiell die Existenz einer Wahrheit an anerkennt, zu welcher er aber noch auf der Suche ist. Das unterscheidet ihn somit vom positiven Dogmatiker. Auf dieser „Suche" ist der Skeptizismus von der Gleichwertigkeit, der sogenannten Isosthenie, des philosophischen „Für" und „Wider" und somit von der Enthaltung zu einer Positionierung geprägt.

Diese Isosthenie beruht jedoch nicht auf inhaltliche Glaubwürdigkeit, da dies ein Erkennen der Wahrheit voraussetzen würde und dies somit ein positiver Dogmatismus wäre. Der Skeptiker stellt mit seiner Kunst, das philosophische „Für" und „Wider" immer wieder einander gegenüberstellend, nicht die Isosthenie her sondern nur fest. Dies führt ihn in sein Dilemma, da es voraussetzt, dass das „Für" und „Wider" tatsächlich isosthenisch ist. Dies würde aber die Aufgabe der Suche nach der Wahrheit sein, was ihn somit zum negativen Dogmatiker machen würde.

Plessners Skeptizismus besteht in der Kunst, sich der Positionierung für ein philosophisches „Für" oder „Wider" nicht zu enthalten. Diese Positionierung ist gemäß seiner Anthropologie aber eine „Wahrheit" als seiende Möglichkeit von vielen Möglichkeiten. Dies führt ihn aus dem Dilemma des traditionellen Skeptizismus und unterscheidet ihn weiterhin vom negativen Dogmatiker. Das Wissen aber darum, dass die Erkenntnis, welche ihn zu seiner Positionierung führt, ein aspektives Erkennen ist, und das seine „Wahrheit" eine Möglichkeit von vielen „Wahrheiten" ist, unterscheidet ihn vom positiven Dogmatiker, schafft aber zugleich sein neues Dilemma. Das Positivieren der eigenen Erkenntnis als politische Positionierung, welche zugleich unter Vorbehalt gesetzt wird, schafft das Dilemma der Isosthenie von Macht und Ohnmacht.

Plessners Positionierung zu einem philosophischen „Für" oder „Wider" ist somit ein

Produkt seiner Anthropologie. Sie entspringt der Unergründlichkeit des Menschen. Der nicht festgenagelt werden möchte, aber trotzdem das Bestreben hat nach außen zu gehen, sich zu positionieren und sich zugleich wieder zurückzuziehen.

Alle Begründungen dieser Positionierung liegen in ihr selbst. Sie sind das Produkt der exzentrischen Positionalität, die wie oben erklärt, keine statische sein kann. Somit kann diese Positionierung auch keine statische, zeitlich unbegrenzte sein. Begründungen für diese Positionierung können nicht auf außerhalb liegende Begründungen zurückgeführt werden, wie es die altehrwürdige Philosophie verlangt. Die Begründungen für diese Positionierung von Menschlichkeit und keiner anderen liegt einzig in ihr selbst begründet.

Somit wird Plessner seinem eigenen Anspruch gerecht, eine neue Philosophie zu erschaffen, fernab von der bloßen Parteinahme zu einem „Für" oder „Wider" der Ideologien, fernab von der altehrwürdigen Philosophie die ihre Entscheidung zu einem „Für" oder „Wider" auf eine absolute Wahrheit rückführen will.

Anders als diese, welche außerhalb der Wirklichkeit die Normen bestimmen möchte, um sie dann politisch durchzusetzen, ist die moderne skeptische Philosophie in dieser Wirklichkeit. Die ständig fließende Wirklichkeit bildet das Fundament des modernen Skeptizismus Plessners. Sie ist nicht der statische Anker festgesetzter Normen der absoluten Wahrheit. Dieser Anker gibt keinen Halt, sondern wird haltlos wenn wir ihn relativ zum Fluss der Wirklichkeit sehen. Die Positionierung als nicht zeitlos seiende Möglichkeit, gibt uns den eigentlichen Halt, wenn wir diese Positionierung relativ zum Fluss der Wirklichkeit sehen.

Somit wird der Skeptizismus Plessners für mich zur überzeugendsten Version einer Positionierung von Menschlichkeit, Humanität und Menschenwürde, welche ich im weiteren an seiner Schrift „Grenzen der Gemeinschaft"[16] belegen möchte.

3.2. Plessners politische Positionierung anhand seiner Schrift „Grenzen der Gemeinschaft"

Plessner schreibt 1924, also noch vor seinem Hauptwerk „Die Stufen des Organischen und der Mensch" seine Schrift „Grenzen der Gemeinschaft. Eine Kritik des sozialen Radikalismus". Sein oben erwähntes Hauptwerk, ist aber schon in groben Zügen fertig, so dass davon ausgegangen werden kann, dass es sich hier schon widerspiegelt. Das Modell der Verschränkung von Körper-Haben und Körper-Sein zur exzentrischen Positionalität ist in den „Grenzen zur Gemeinschaft" schon angelegt. Fischer liest in der Debatte um die Grenzen der Gemeinschaft[17] den Mensch einerseits als Körper, anderseits als Geist. Die Schnittstelle von Körper und Geist ist die Seele. Die Verschränkung von Körper – Seele – Geist sei das Wesen des Menschen. Auf dieses Modell baut Plessner auf.

Wie der Titel schon erkennen lässt, geht Plessner dabei den Weg der kritischen Philosophie um seine politische Positionierung darzulegen. Das heißt, er sucht nach kritischer Methode und mit Hilfe seiner Anthropologie die Grenzen menschlichen Zusammenlebens zu setzen und Formen zu entdecken, die seiner Meinung nach diese Grenzen überschreiten und damit Menschlichkeit und Menschenwürde verletzen

Diese Grenze sieht Plessner im sozialen Radikalismus der Gemeinschaftsmodelle überschritten, die sich monistisch zu vernichten suchen. Hierbei bezieht sich Plessners

Gemeinschaftsbegriff auf die Kritik zu Vertrags- und Gesellschaftstheorien, vor allem von Ferdinand Tönnies „Gemeinschaft und Gesellschaft". Tönnies stellt „Gemeinschaft" als eine Gruppe von Menschen dar, die ein gemeinsames Ziel freiwillig und gleichberechtigt miteinander verfolgen. Es ist nach Tönnies eine natürliche Form des Zusammenlebens. Gesellschaft dagegen ist nach Tönnies der künstliche Zusammenschluss von Menschen, die in der Gruppe ihre individuellen Ziele durchzusetzen versuchen; „Im allgemeinen Sinne wird man wohl von einer die gesamten Menschheit umfassenden Gemeinschaft reden, wie es die Kirche sein will. Aber die menschliche Gesellschaft wird als bloßes Nebeneinander voneinander unabhängiger Personen verstanden"[18].

Gemeinschaft und Gesellschaft beschreibt Tönnies in seinem Werk nicht nur deskriptiv, sondern auch normativ. Gesellschaft ist etwas Künstliches, der Natur des Menschen Wesensfremdes; „In der Gemeinschaft mit den Seinen geht man von Geburt an, mit allem Wohle und Wehe daran gebunden. Man geht in die Gesellschaft wie in die Fremde. Der Jüngling wird gewarnt vor schlechter Gesellschaft; aber schlechte Gemeinschaft ist dem Sprachsinne zuwider"[19] und „Gemeinschaft ist das dauernde und echte Zusammenleben, Gesellschaft nur ein vorübergehendes und scheinbares. Und dem ist es gemäß, das Gemeinschaft selber ein lebendiger Organismus, Gesellschaft als ein mechanisches Aggregat und Artefact verstanden werden soll"[20].

Hier setzt die Kritik Plessners an, dessen Verstehen nur zu haben ist, wenn sie in ihrem geschichtlichen Kontext gesetzt wird, da diese ja nicht auf einen Grund außerhalb dieser Kritik, sondern nur auf sie selbst rückzuführen ist und somit eben AUCH auf die Reflexion der gesellschaftlichen Zustände in diesem Moment.

3.2.1. Die Weimarer Republik – Konzentration der Krise des abendländischen Humanismus

Die Weimarer Republik entstand im Anschluss an die Novemberrevolution und musste von Anfang an mit großen Schwierigkeiten kämpfen. Da waren die Folge des ersten Weltkrieges. Dazu kamen die im Versailler Vertrag beschlossenen Reparationsforderungen an Deutschland. Dies führte in Kombination mit der Weltwirtschaftskrise zu einer Hyperinflation in Deutschland. Diese traf nicht nur die Arbeiterklasse, sondern auch das Kleinbürgertum, welches eine Radikalisierung eben nicht nur der Arbeiterschaft, sondern eben auch dieses Kleinbürgertums zur Folge hatte.

Diese Radikalisierung wurde nicht zu einem unerheblichen Teil dadurch begünstigt, dass eine parlamentarische Demokratie in Deutschland keine Tradition hatte, auf deren Erfahrungswerte hätte zurückgegriffen werden können.

Diese fehlende Tradition hebt nun Haucke in der Debatte um „Plessners Grenzen der Gemeinschaft"[21] besonders hervor und betont, dass Plessner dem deutschen Idealismus eine Mitschuld an der Machtergreifung des Faschismus gibt, weil sie eben diese fehlende Tradition falsch reflektierte. Plessner zeigt dies am Beispiel Friedrich Schillers auf, der die fehlende Tradition mit jung, unverfälscht und dynamisch interpretiert. Deutschland als Land der Dichter und Denker, beginge somit eben nicht die Fehler Frankreichs und der Briten, sondern Schiller sieht Deutschland auf dem Weg des Ideals, allein begründet durch den Geist und somit als zukünftiges Zentrum abendländischen Humanismus.

Hier steht Plessner in klarer Opposition zum deutschen Humanismus. In seiner Schrift „Die verspätete Nation“[22] interpretiert er diese fehlende Tradition als, wie der Titel schon sagt, verspätet, ein Umstand der die Verdichtung aller Krisen des Humanismus des Abendlandes in sich trägt. Zudem erkennt Plessner Deutschland als isoliert: „In seiner Bedrängnis derart auf sich selbst zurückgeworfen, erlebte Deutschland am Konflikt mit den alten Nationen Europas das europäische Schicksal in der Potenz“[23].

Aus dieser Reflexion der gesellschaftlichen Situation der Weimarer Republik heraus, stellt Plessner die Grenzen menschlichen Zusammenleben auf und beschreibt wo diese überschritten sind. Diese Grenzüberschreitung sieht Plessner im sozialen Radikalismus.

3.2.2. Die Grenzüberschreitung der Humanität und Menschenwürde durch den sozialen Radikalismus

Diesen sozialen Radikalismus sieht Plessner in zwei verschiedenen Gemeinschaftsmodellen. Wenn er die Kritik führt und die Grenzen der Humanität und Menschenwürde überschritten sieht, dann meint Plessner aber nicht den Gemeinschaftsgedanken an sich, sondern die Gemeinschaftsmodelle, die sich gegenseitig monistisch zu vernichten suchen.

„Es geht nicht gegen das Recht der Lebensgemeinschaft, ihren Adel und ihre Schönheit. Aber es geht gegen ihre Proklamation als ausschließlich menschenwürdige Form des Zusammenlebens; nicht gegen die communio, wohl aber gegen die communio als Prinzip, gegen den Kommunismus als Lebensgesinnung, gegen den Radikalismus der Gemeinschaft.“[24]

Fischer[25] betont, dass es eben nur zwei und nicht mehr Formen des sozialen Radikalismus, also die, welche die Menschenwürde verletzen, geben kann. Begründet ist dies in dem Anthropologischen Modell, also dem Wesen des Menschseins nach Plessner. Das Modell des Menschen baut Pessner in den „Stufen des Organischen“[26] als die Verschränkung von Körper-Haben (Geist) und Körper-Sein (Körper) zur exzentrischen Positionalität auf und ist in seinem Vorläufermodell in den „Grenzen der Gemeinschaft“[27] als die Verschränkung von Körper – Seele – Geist schon angelegt.

Eine Achtung der Menschenwürde, heißt nach Plessner, der diese Menschenwürde nicht auf außerhalb liegende Begründungen rückführt, die Achtung beider Teile dieses Menschseins.

Eine Verletzung der Menschenwürde, also eine Form des Radikalismus, beruht im Umkehrschluss auf der Vernichtung eines Teils dieses Menschseins, also entweder dem des Körper-Haben dem Geist, dem Teil des Menschen als Kulturwesen oder der Vernichtung des Körper-Sein, des Natürlichen, dem Teil des Menschen als Naturwesen.

Daraus schlussfolgernd baut Plessner analog zu seinem Modell des Menschseins, Körper – Seele – Geist, sein Modell menschlichen Zusammenlebens auf: Liebesgemeinschaft – Gesellschaft – Vernunftgemeinschaft.

Die Liebesgemeinschaft entspricht dabei dem menschlichen Teil des Körpers, des Körper-Sein, dem Natürlichen, dem Menschen als Naturwesen.

Die Vernunftgemeinschaft entspricht dem Teil des Menschseins als Kulturwesen, dem

Geist, der Vernunft, dem Künstlichen.

Die Schnittstelle von Liebesgemeinschaft und Vernunftgemeinschaft bildet nach Plessner die Gesellschaft. Wird nun einer der beiden Gemeinschaftsformen zu Gunsten der anderen vernichtet, zerfällt logischerweise die menschliche Gesellschaft und wird analog dazu die Seele des Menschen vernichtet und der Mensch in seiner Würde verletzt, genaugenommen muss gesagt werden, es wird diese Würde vernichtet.

Plessner sucht nun Formen der beiden Gemeinschaftsmodelle, die die Würde des Menschen vernichten.

Dabei stellt er fest, dass die Kritik an diesem Radikalismus schwer ist, da der unverschränkten Dualismus die Geisteshaltung der Menschen in unserem Kulturkreis stark prägt.

„Die moderne Welt lebt in der Isolierung ihrer eigenen Komponenten den Radikalismus, die Entgeistung der Wirklichkeit und hat darum zu ihrer Apologie wie zu ihrer Opposition radikalistische Theorien nötig."[28]

Ist uns bewusst, dass unser Denken von diesem unaufgelösten descartischen Dualismus stark geprägt ist, ist auch die Attraktivität radikaler Gemeinschaftsideen als Gegenentwurf des gescheiterten Gesellschaftsmodells des demokratischen Parlamentarismus der Weimarer Republik besser zu verstehen.

„Das Idol dieses Zeitalters ist die Gemeinschaft. Wie zum Ausgleich für die Härte und Schalheit unseres Lebens hat die Idee alle Süße bis zur Süßlichkeit, alle Zartheit bis zur Kraftlosigkeit, alle Nachgiebigkeit bis zur Würdelosigkeit in sich verdichtet."[29]

„Maßlose Erkaltung der menschlichen Beziehungen durch maschinelle, geschäftliche, politische Abstraktionen bedingt maßlosen Gegenwurf im Ideal einer glühenden, in allen ihren Trägern überquellenden Gemeinschaft."[30]

Dualistisch geprägtes Denken hat zur Folge, dass wir beim Scheitern eines Modells, logischerweise auf das andere Extrem zurückgreifen. Diese unaufgelösten, dualistischen radikalen Gemeinschaftsmodelle versucht nun Plessner zu entlarven.

3.2.3. Faschismus und Kommunismus als jeweils ein Modell des sozialen Radikalismus

Bezugnehmend auf das Modell menschlichen Zusammenlebens, bilden nun der Kommunismus und der Faschismus - Plessner nennt sie internationalistischen Kommunismus und nationalistischen Kommunismus - die beiden radikalen Formen des Gemeinschaftsgedankens, die die Gesellschaft als den Schnittpunkt beider Gemeinschaftsformen vernichten.

„Fehlt einem sozialen Gebilde die gestalthafte Mitte von vornherein, so ist kaum anzunehmen, dass es je, außer in ekstatischen Momenten, eine Gemeinschaft gewesen ist."[31]

Dabei ist der Faschismus der Liebesgemeinschaft oder Blutsgemeinschaft und somit dem menschlichen Teil des Naturwesens zugeordnet. Somit beschränkt sich aber der Faschismus auf die Liebe zum Volk oder Nation und verhindert damit im Ansatz schon das menschliche Zusammenleben über die Grenzen des Volkes oder der Nation hinaus.

Da das Modell menschlichen Zusammenleben nach Plessner nicht nur für Individuen, sondern auch für das Zusammenleben von Nationalstaaten untereinander gilt, bedeutet die Vernichtung des Modells durch den Faschismus Krieg:

„...führt die Betonung der Volkheit zu bewussten Nationalismus und zum Krieg als letzter Auseinandersetzungsmöglichkeit“[32]

Dem steht der internationalistische Kommunismus entgegen. Eine Idee, welche der Vernunftgemeinschaft zugeordnet ist und somit dem Teil des Menschseins als Kulturwesen, dem Geist, dem Künstlichen.

Der internationalistische Kommunismus weitet den Gemeinschaftsgedanken über das Völkische und Nationale hinaus zu einer Weltgemeinschaft aus, welche gewaltfrei zu vereinigen ist.

Das Fundament dabei ist rein rational, bestehend aus der Idee der grenzenlosen Menschengemeinschaft, an der alle teilhaben müssen.

Dabei zieht Plessners Kritik nicht auf die Idee der grenzenlosen menschlichen Gemeinschaft an sich, im Gegenteil: „Der rationalistische Kommunismus hat also nicht so unrecht, auf die Einheit der Werte in einem geistigen Kosmos, zu dem die partikularen Geisteswelten der Völker und Rassen, auch ohne dass sie davon wissen und sogar gegen ihren Willen, übergegensätzlich zusammengeordnet sind, als die gegebene Brücke von Volk zu Volk hinzuweisen. Wenn sich einzelne Menschen einigen, und wir erleben das täglich ..., dann gibt es echte Gemeinschaft und sie ist grenzenlos ausdehnungsfähig“[33]

Plessners Kritik am rationalistischen Kommunismus ist also nicht die Kritik an der Idee selbst, sondern es ist die Kritik daran, dass er den Mensch als Naturwesen, als Körper-Sein vernichtet. Eine grenzenlose Gemeinschaft ist nur mit dem Menschen und seiner Idee, seinem Ideal UND seinem Egoismus, seinen Instinkten, seinem Streben nach Macht zu haben. Die Vernichtung des Menschen als Naturwesen zu Gunsten des Ideals einer grenzenlosen menschlichen Gemeinschaft, vernichtet die Gesellschaft und somit auch das Ideal selbst, da es sich nicht verwirklichen kann.

Somit belegt Plessner auf der Basis seines anthropologischen Modells, dass sowohl der Faschismus, weil dieser den Menschen als Kulturwesen und seiner Idee eines grenzenlosen menschlichen Zusammenlebens vernichtet hat, wie der Kommunismus, da dieser den Mensch mit seinen Instinkten, Trieben, seinem Egoismus und seinem Willen zur Macht nicht berücksichtigt, die Grenzen weg von der Menschenwürde überschritten haben.

3.2.4. Plessners Modell der Gesellschaft

Plessner baut nun sein eigenes Gesellschaftsmodell analog seines Modells des Menschseins auf. Dieses ist die Verschränkung von Geist – Seele – Körper. Das daraus resultierende Modell menschlichen Zusammenlebens ist somit die Verschränkung von Vernunftgemeinschaft – Gesellschaft – Liebes- und Blutgemeinschaft. Die Gesellschaft ist hier analog der Seele die Schnittstelle von Vernunftgemeinschaft/Geist und Liebes- und Blutgemeinschaft/Körper.

Aus der Disposition Geist – Seele – Körper liest Fischer[35] die folgenden zwei dualen

Möglichkeiten der Seele.

Einerseits ist der Mensch ein in der Seele verankertes Vernunftwesen, welches theoretisch mit jeden Menschen über eine Idee verbunden sein kann und in dessen Verbindung jeder austauschbar ist.

Anderseits ist der Mensch ein beseelter Körper, der mit einer begrenzten Anzahl anderer Menschen als unverwechselbares und nicht austauschbares Wesen mit diesen sich verbunden fühlt.

Da der Mensch aber aus Körper und Geist besteht und keines von beiden vernichten möchte, sucht die Seele Beides. Einerseits möchte sie nach außen treten und unverwechselbar und anerkannt sein, anderseits möchte sie sich verbergen und zurückziehen.

Diese Zone, in der sich der Mensch als Individuum zeigen kann um die Anerkennung seiner Menschen zu erlangen, und wo er sich zugleich zurückziehen kann und sich verbergen kann, ist die Gesellschaft.

Da ein Teil der Seele nun aber um die Anerkennung der Mitmenschen wirbt, birgt dieser Moment die Gefahr, sich der Lächerlichkeit der anderen auszuliefern. Um einerseits ein Maximum an seelischen Beziehungsreichtum und anderseits ein Maximum an Sicherheit vor der Lächerlichkeit zu erreichen, schafft sich der Mensch ein künstlichen Schutz, welchen Plessner die „Maske“ nennt. Die Maske ist die Verschränkung von Geist – Seele – Körper. Die Maske entspringt der Sehnsucht der Seele nach Anerkennung und Schutz, sie ist die künstliche Erfindung des Geistes und wird vom Körper umgesetzt. Somit ist die Maske die exzentrische Positionalität, die Verschränkung von Körper-Haben und Körper-Sein.

Die Maske erzeugt für seinen Träger einen Nimbus, den, sich frei in der Gesellschaft bewegen zu können. Sie sichert ihm seine Individualität, seine Autonomie.

Dieser Nimbus der Individualität hat dabei zwei strukturelle Kategorien.

Einerseits die „Zeremonie“. Sie ist der Vernunftgemeinschaft zugeordnet und beruht auf den sachzentrierten Konsens der Vernunftgemeinschaft. Die Reibungsflächen zwischen den Menschen werden durch bindende Gesetze minimiert, deren sich die Individualität ein und unterordnet.

Die zweite Kategorie des Nimbus ist das Prestige. Es ist das Wertäquivalent der Gesellschaft zur Liebesgemeinschaft. Es ist die Anerkennung die unser Körper-Sein verlangt. Der Träger des Prestige hat diesen Nimbus durch eigene Taten erreicht.

Prestige zu erreichen ist am Schwersten, aber es winkt der höchste Lohn des Nimbus, nämlich seine Subjektivität in die Objektivität der Aufgabe einfliesen zu lassen.

Das Prestige erfüllt die Sehnsucht einer jeden Seele, sich „unangreifbar greifbar zu machen“.

Der Mensch verwirklicht sich durch das Prestige in seinem Werk und sein wahres Gesicht kann er durch den Prestige hinter der Maske des Offiziellen der Öffentlichkeit präsentieren.

Der Mensch erreicht somit erst in der Gesellschaft Achtung und Würde.

3.2.5. Die Maske in der Politik

Vorerst muss angemerkt werden, da es in der Diskussion um Plessners Kritik am sozialen Radikalismus immer wieder vernachlässigt wird, dass er zwischen zwei Formen menschlichen Zusammenlebens unterscheidet, nämlich zwischen einerseits natürlichen Personen und anderseits zwischen irrealisierten Personen.

Zwischen natürlichen Personen gilt die Verhaltensstrategie des Taktes. Diese Beziehungen sind auf Ausgleich angelegt. Der Kampf um die Macht hat hier keinen Platz und die Schonung des anderen in sozialen Beziehungen findet um seiner Selbstwillen statt.

Es ist die Zone, in die der Mensch sich zurückziehen kann und dessen Ergebnis das Überflüssige ist.

Dies gilt es als Wertäquivalent der Gesellschaft zur Liebesgemeinschaft zu erhalten. Die Balance darf nicht zu Gunsten des Geschäftlichen untergehen.

Anders sieht der Umgang von irrealiserten Personen untereinander aus. Dazu zählt die Politik.

Hier geht es um Macht. Dieses ist unser Körper-Sein geschuldet, unserem Teil des Menschseins als Naturwesen. Es ist der Kampf um die besten Futterplätze, der Kampf um die besten Paarungspartner. Dieser Wille zur Macht ist einfach da und muss jedem zugestanden werden. Somit ist der Wille zur Macht ein Kampf um den gegenseitigen Vorteil.

Da der Mensch aber nicht nur Naturwesen, sondern auch Kulturwesen ist, muss er diesen Kampf kultivieren. Einen Ethos des „Kriegers“ der uns verloren gegangen ist. Die Verhaltenstrategie dazu ist die Diplomatie.

Fehlt uns dieser Ethos des Kriegers, verroht der Kampf um die Macht. Wird die Strategie der Diplomatie missachtet, endet der Kampf in einer Gewaltentscheidung. Der Bestand dieser Gewaltentscheidung hat als Bedingung die weitere Gewalt. Es würde der Körper den Geist, den Mensch als Kulturwesen vernichten, den Dualismus monistisch eines Teils zu Gunsten des anderen Teils des Menschsein auflösen, somit die Würde unseres Menschsein verletzen, wie auch die Verneinung des Willens um die Macht, eine Verletzung der Menschenwürde darstellt.

Der kultivierte Kampf um die Macht, ist somit ein diplomatisches Spiel gleicher Mittel. Ein kultiviertes Spiel des Egoismus, begründet im Körper-Sein.

Diese gegenseitige Achtung des Egoismus und die Achtung das daraus resultierenden Strebens nach Macht, ist die Achtung des Menschen und seiner Würde.

4. Die Kritik an Plessner und die Kritik an der Kritik

Für die Kritik an Plessner möchte ich mich im wesentlichen auf Helmut Lethen „Philosophische Anthropologie und Literatur in den 1920iger Jahren“[36] aus dem Jahr 2002 beziehen.

Wolfgang Eßbach[37] komprimiert Lethens Kritik dahingehend, dass dieser Plessners Anthropologie nicht als solche sieht, sondern als kalte, frauenfeindliche, elitär machtorientierte Verhaltenslehre.

Dem ist zu entgegnen, dass natürlich jede Anthropologie zugleich auch normative Züge hat. Jedoch entwickelt sich Plessners Sozialphilosophie aus seinem Anthropologischen Modell und seine Anthropologie aus seiner Sozialphilosophie. Sie kann einzig und allein nur auf sich selbst rückgeführt werden und nicht auf Normen außerhalb ihrer selbst. So ist auch Plessners „Wille zur Macht" eine Erkenntnis seiner Anthropologie und keine Norm, die er in seine Sozialphilosophie einbaut.

Der Vorwurf der Frauenfeindlichkeit erscheint selbst frauenfeindlich, da er unterstellt, dass Frauen nicht auch im Besitz dieses Willens zur Macht sein können. Es unterstellt der Frau eine für sie typische „Kuschelethik" und dies ist dann frauenfeindlich.

Ein weiterer Vorwurf Lethens, der sich dabei auf Kramme[38] bezieht, ist die Nähe von Plessner zu Schmitt.

„Carl Schmitts Politische Theorie bedarf einer anthropologischen Fundierung, der Helmuth Plessners Theorieangebot in ihrem Design hinlänglich genau entspricht. Entsprechendes gilt für Plessner."[39]

Schmitt als Vertreter des Dezisionismus vertritt die Meinung, dass ein Politisches ein Eigenständiges ist und nicht auf andere Bereiche wie Ästhetik, Moral und so weiter rückzuführen ist. Schmitt setzt nun im Politischen die Freund–Feind Kategorie als grundlegend. Schmitt schließt aus der Setzung weiter, dass ein Volk, welches weder die Kraft noch den Willen hat sich im Politischen zu behaupten, nicht das politische, sondern das schwache Volk verschwindet. Dies entspricht jedoch in keiner Weise der Anthropologie Plessners, da es als zeitloses Dogma gesetzt ist und der Grundlosigkeit der Exzentrischen Positionalität entgegensteht. Weiterhin ist es eine monistische Auflösung des Dualismus zu Ungunsten des Künstlichen. Das Künstliche setzt nämlich die Verhaltensweise der Diplomatie im Kampf um die Macht. Weiterhin ist im Geistigen sehr wohl das Ideal einer grenzenlosen Gemeinschaft verankert, die im Fall der Schmittschen Freund–Feind Kategorie vernichtet wird und somit im Plessnerischen Sinne, einer Vernichtung der Menschenwürde gleichkommt. Wer also den Dezisionismus Schmitts und die Anthropologie Plessners als einen Text liest, wie dies Kramme versucht, hat die moderne skeptische Philosophie Plessners nicht verstanden.

5. Zusammenfassung

Ich habe im vorliegenden Text versucht die Anthropologie Plessners, wie die resultierenden politischen Konsequenzen, also den Weg zu einer politischen Positionierung, die eine Positionierung zur Humanität und Menschenwürde gleizusetzen ist, darzustellen.

War ich vor dem Studium Plessners ein glühender Anhänger der Kantschen Ethik, in der ich zum Teil Marx bestätigt sah, muss ich heute anerkennen, dass der moderne Skeptizismus Plessners, die für mich derzeit überzeugendste Version zum Thema Menschenwürde darstellt.

Der Grund dafür ist, im marxschen Sinne, die „Radikalität" seines Ansatzes. Radikalität bedeutend als „eine Aufgabe an der Wurzel zu packen". Die Wurzel der Menschenwürde ist nun mal der Mensch selbst. Und Konzepte die am Wesen des Menschen vorbeigehen, bleiben eben Luftschlösser. Auch wenn es schwer ist, den in unserem Kulturkreis durch Religion und Ideologien fest verankernden Dualismus nicht zu denken, hoffe ich, dass ich die politische Positionierung Plessners und somit sein Konzept zur Menschenwürde, dem seiner skeptischen Philosophie, einigermaßen gut dargestellt habe.

Plauen den 25.03.2016

Karsten Wollersheim

6. Anhang

Quellennachweis

1 FISCHER, Joachim: „Exzentrische Positionalität"
Deutsche Zeitschrift für Philosophie, 48 (2000) 2, S.265-288 S.270

2 PLESSNER, Helmuth: „Die Stufen des Organischen und der Mensch"
In: „Gesammelte Schriften" Band IV. Frankfurt a.M. 1981 S.151

3 PLESSNER, Helmuth: „Die Stufen des Organischen und der Mensch" S.284
In: „Gesammelte Schriften" Band IV. Frankfurt a.M. 1981

5 PLESSNER, Helmuth: „Die Stufen des Organischen und der Mensch"
In: „Gesammelte Schriften" Band IV. Frankfurt a.M. 1981 S.40

6 PLESSNER, Helmuth: „Die Stufen des Organischen und der Mensch"
In: „Gesammelte Schriften" Band IV. Frankfurt a.M. 1981 S.40

7 KÖNIG, Josef: lebenslanger Freund Helmuth Plessners

8 SCHELER, Max: Soziologe und Philosoph. Neben Plessner und Gehlen
einer der bedeutendsten Vertreter der philosophischen Anthropologie

9 KUHLMANN, Andreas: „Deutscher Geist und liberales Ethos" in: S.15-20
EßBACH, Wolfgang(Hg.), FISCHER, Joachim(Hg.), LETHEN, Helmut(Hg.):
„Plessners Grenzen der Gemeinschaft. Eine Debatte"
Suhrkamp Verlag, Fankfurt am Main 2002

10 SCHÜRMANN, Volker: „Plessners skeptische Philosophie"
Studienbrief der FernUni Hagen
2015 Fakultät für Kultur- und Sozialwissenschaften. Hier bezieht sich
der Autor V.Schürmann auf ein Zitat n. Westermann (1995, 34) S.26

11 PLESSNER, Helmuth: „Grenzen der Gemeinschaft"
in „Macht und menschliche Natur"
In: „Gesammelte Schriften" Band V. Frankfurt a.M. 1981 S.34

12 HAUCKE, Kai: „Plessners Kritik der rationalen Gemeinschaftsideologie S.103-130
und die Grenzen des deutschen Idealismus" in:
EßBACH, Wolfgang(Hg.), FISCHER, Joachim(Hg.), LETHEN, Helmut(Hg.):
„Plessners Grenzen der Gemeinschaft. Eine Debatte"
Suhrkamp Verlag, Fankfurt am Main 2002

13 PLESSNER, Helmuth: „Grenzen der Gemeinschaft" S.7-134
in „Macht und menschliche Natur"

In: „Gesammelte Schriften“ Band V. Frankfurt a.M. 1981

14 HAUCKE, Kai: „Plessners Kritik der rationalen Gemeinschaftsideologie und die Grenzen des deutschen Idealismus“ in: S.103-130
EßBACH, Wolfgang(Hg.), FISCHER, Joachim(Hg.), LETHEN, Helmut(Hg.):
„Plessners Grenzen der Gemeinschaft. Eine Debatte“

15 Ebd

16 PLESSNER, Helmuth: „Grenzen der Gemeinschaft“ S.7-134
in „Macht und menschliche Natur“
In: „Gesammelte Schriften“ Band V. Frankfurt a.M. 1981

17 FISCHER, Joachim: „Panzer oder Maske. Verhaltenslehre der Kälte S.80-102
oder Sozialtheorie der Grenze.“ in:
EßBACH, Wolfgang(Hg.), FISCHER, Joachim(Hg.), LETHEN, Helmut(Hg.):
„Plessners Grenzen der Gemeinschaft. Eine Debatte“

18 TÖNNIES, Ferdinand: „Gemeinschaft und Gesellschaft“ S.4
Vierte und Fünfte Auflage, Karl Turtius, Berlin 1922

19 Ebd. S.4

20 Ebd. S.5

21 HAUCKE, Kai: „Plessners Kritik der rationalen Gemeinschaftsideologie S.103-130
und die Grenzen des deutschen Idealismus“ in:
EßBACH, Wolfgang(Hg.), FISCHER, Joachim(Hg.), LETHEN, Helmut(Hg.):
„Plessners Grenzen der Gemeinschaft. Eine Debatte“

22 PLESSNER, Helmuth: „Die verspätetet Nation“ erscheint 1959 als erweiterte Auflage von der 2. Auflage von „Das Schicksal deutschen Geistes im Ausgang seiner bürgerlichen Epoche“ erschienen im Max Niehaus Verlag, Zürich 1935

23 PLESSNER, Helmuth: „Die verspätete Nation. Über die politische S.41
Verführbarkeit bürgerlichen Geistes“
In: „Die Verführbarkeit des bürgerlichen Geistes. PolitischeSchriften“
In: „Gesammelte Schriften“ Band VI.
Suhrkamp Verlag Frankfurt a.M. 1982

24 PLESSNER, Helmuth: „Grenzen der Gemeinschaft“ S.41
in „Macht und menschliche Natur“
In: „Gesammelte Schriften“ Band V. Frankfurt a.M. 1981

25	FISCHER, Joachim: „Panzer oder Maske. Verhaltenslehre der Kälte oder Sozialtheorie der Grenze." in: EßBACH, Wolfgang(Hg.), FISCHER, Joachim(Hg.), LETHEN, Helmut(Hg.): „Plessners Grenzen der Gemeinschaft. Eine Debatte"	S.80-102
26	PLESSNER, Helmuth: „Die Stufen des Organischen und der Mensch" In: „Gesammelte Schriften" Band IV. Frankfurt a.M. 1981	
27	PLESSNER, Helmuth: „Grenzen der Gemeinschaft" in „Macht und menschliche Natur" In: „Gesammelte Schriften" Band V. Frankfurt a.M. 1981	
28	Ebd.	S.18
29/30	Ebd.	S.28
31	Ebd.	S.48
32	Ebd.	S.49
33	Ebd.	S.51
34	Ebd.	S.13
35	FISCHER, Joachim: „Panzer oder Maske. Verhaltenslehre der Kälte oder Sozialtheorie der Grenze." in: EßBACH, Wolfgang(Hg.), FISCHER, Joachim(Hg.), LETHEN, Helmut(Hg.): „Plessners Grenzen der Gemeinschaft. Eine Debatte"	S.80-102
36	LETHEN, Helmut: „Philosophische Anthropologie und Literatur in den 1920iger Jahren" in: EßBACH, Wolfgang(Hg.), FISCHER, Joachim(Hg.), LETHEN, Helmut(Hg.): „Plessners Grenzen der Gemeinschaft. Eine Debatte"	
37	EßBACH, Wolfgang: „Verabschieden oder retten" in: EßBACH, Wolfgang(Hg.), FISCHER, Joachim(Hg.), LETHEN, Helmut(Hg.): „Plessners Grenzen der Gemeinschaft. Eine Debatte"	
38	KRAMME, Rüdiger: „Helmuth Plessner und Carl Schmitt" Duncker & Humblot GmbH, Berlin 1989	

Literaturverzeichnis

PLESSNER, Helmuth: „Die Stufen des Organischen und der Mensch“ In: „Gesammelte Schriften“ Band IV. Frankfurt a.M. 1981

PLESSNER, Helmuth: „Macht und menschliche Natur“ In: „Gesammelte Schriften“ Band V. Frankfurt a.M. 1981

PLESSNER, Helmuth: „Die Verführbarkeit des bürgerlichen Geistes. PolitischeSchriften“ In: „Gesammelte Schriften“ Band VI. Suhrkamp Verlag Frankfurt a.M. 1982

FISCHER, Joachim: „Exzentrische Positionalität“ Deutsche Zeitschrift für Philosophie, 48 (2000) 2, S.265-288

EßBACH, Wolfgang(Hg.), FISCHER, Joachim(Hg.), LETHEN, Helmut(Hg.): „Plessners Grenzen der Gemeinschaft. Eine Debatte“ Suhrkamp Verlag, Fankfurt am Main 2002

SCHÜRMANN, Volker: „Plessners skeptische Philosophie“ Studienbrief der FernUni Hagen 2015 Fakultät für Kultur- und Sozialwissenschaften.

KRAMME, Rüdiger: „Helmuth Plessner und Carl Schmitt“ Duncker & Humblot GmbH, Berlin 1989

TÖNNIES, Ferdinand: „Gemeinschaft und Gesellschaft“ Vierte und Fünfte Auflage, Karl Turtius, Berlin 1922

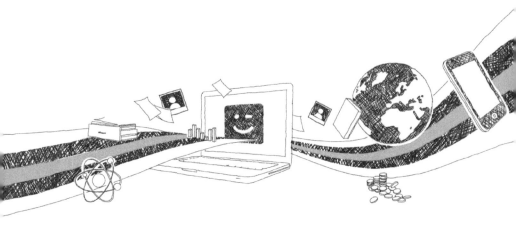

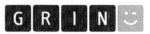